ESQUISSES
ALGÉRIENNES

PAR

M. Gustave d'Hugues Fils

ADMINISTRATEUR-ADJOINT

à OUM-EL-BOUAGHI (province de Constantine)

DIJON

IMPRIMERIE DARANTIERE

65, RUE CHABOT-CHARNY

—

1889

ESQUISSES ALGÉRIENNES

(Extrait des Mémoires de la Société Bourguignonne
de Géographie et d'Histoire.)

ESQUISSES
ALGÉRIENNES

PAR

M. GUSTAVE D'HUGUES FILS

ADMINISTRATEUR-ADJOINT

à OUM-EL-BOUAGHI (province de Constantine)

DIJON

IMPRIMERIE DARANTIERE

65, RUE CHABOT-CHARNY

—

1889

A MON PÈRE

M. G. D'HUGUES

MON MAITRE ET MON GUIDE

dans l'art d'écrire,

Je ne fais que rendre, en lui dédiant ces extraits de lettres dont il a reçu la totalité, ce qui lui revient de droit. Et en lui rendant cet hommage, je voudrais essayer de payer la dette d'un mauvais élève, sans doute, mais

d'un fils profondément reconnaissant et dévoué,

GUSTAVE D'HUGUES.

Oum-el-Bouaghi, 1889.

Oum-el-Bouaghi, 18 février 1889.

.... L'Algérie est un pays charmant.... de loin, et même de près, quand il y fait chaud. Le Sud, que je ne connais pas encore et que je ne connaîtrai peut-être jamais, — attaché que je suis aux régions de colonisation du Tell et des Hauts-Plateaux, — doit surtout être curieux, ressembler à cet Orient *cuit*, dont parlait et qui émerveillait Gustave Flaubert, cet Orient du soleil, des sables, des palmiers, des chameaux, du Nil et des pyramides. Pas de pyramides ni de Nil dans notre sud ; mais, à part cela, tout le reste, même le soleil en hiver, et les oasis, et les *Ksour*, et les autruches, et les lions et les Touaregs.

A peu de distance de Constantine, commencent à s'étendre jusqu'aux confins de la Tunisie d'immenses plaines sans fin, où pas un arbre, pas un buisson, ni rien qu'une interminable ligne de poteaux télégraphiques n'ombrage le ruban de queue des routes établies par les ponts et chaussées, mais où rien non plus n'arrête le libre et constant essor d'un vent glacial en hiver, brûlant en été, qui coupe la figure, renverse les chameaux, siffle ou gémit dans les fils du télégraphe, hurle dans la nuit, et énerve en tout temps.

— Mais c'est le désert, me diras-tu, et tu te plains, misérable ?

— Hélas, non, ce n'est pas le désert : ce ne sont que des plaines, et quelles plaines ! Elles n'ont rien, je t'assure, de celles qui, du haut de la dernière colline de Biskra, semblent se perdre dans le ciel au fond de l'horizon, monter et se confondre avec lui, émaillées d'ilots de verdure et semées de points noirs qu'on peut prendre pour des bateaux, quand ce ne sont que des caravanes, et qui faisaient dire à nos soldats enthousiasmés, la première fois qu'ils les virent: « La mer ! la mer ! » Elles n'ont même rien de l'admirable bassin du Hodna dans l'immense cuvette duquel M'Sila dresse en plumeaux ses quelques palmiers au-dessus des maisons terreuses et poussiéreuses, comme pour les épousseter, mais à la bordure duquel la gigantesque chaîne bleuâtre des montagnes du grand Atlas barre l'horizon dans une atmosphère merveilleusement pure, où scintille au-dessus du lac salé, perpétuellement, un effet de mirage.

Ici, la nudité des plaines est laide sans originalité, triste sans mélancolie, éternelle sans poésie et sans charme. C'est grand, mais ce n'est pas grandiose, — infini d'un côté, j'en conviens, mais étroit de l'autre, et relativement resserré par de petites montagnes pelées et moroses... Arrange cela comme tu pourras.

Et pas un cours d'eau, pas une source ne donne un peu de verdure fraîche, ne met un recoin gracieux, pas même un laurier-rose isolé et flétri, sur cette terre de désolation, labourable, et à peine labourée, stérile et nue, sans *alfa*, sans une touffe de *dyss* ou de *drinn*, sans une pierre même, une de ces pierres qui donnent au moins à d'autres plaines algériennes je ne sais quelle espèce de poésie pétrée, d'*abruptisme* saharien. On y voit seulement croupir au loin, sans mirages, mais non sans brumes, le soir et sans étincellements au soleil, des lacs salés d'une vaste étendue, le Guéliff et le Tarff, dont les rives semblent maudites, comme celles de la Mer Morte.

Ce pays, ce vilain pays, dévasté chaque année par des millions et des milliards de sauterelles, était jadis, comme tu le sais, le fameux grenier d'abondance de Carthage d'abord et de Rome ensuite, avec les entrepôts de Tebessa et Lambessa, dont les ruines imposantes donnent fortement à penser sur notre grandeur, notre richesse et notre prospérité actuelles. Figure-toi ces anciens Magasins généraux de Rome, où certains bâtiments avaient jusqu'à 17 kilomètres de longueur et des murs, dont certains pans et les assises sont encore débout, où trois cavaliers pourraient à leur aise marcher de front. Ici même, un peu partout, de distance en distance, le sol est tout jonché de ces ruines. A 15 kilomètres d'ici, il y a une maison romaine entièrement conservée et intacte, — conservée par le temps, bien entendu, car, cette maison n'ayant pas d'inscriptions, les antiquaires, les archéologues et l'Institut de France lui-même s'en moquent comme d'une guigne.

Les Arabes appellent ces amas de débris disséminés des *enchirs*, et tout est plein d'*enchirs* aux environs d'Oum-el-Bouaghi. Les *muchachos* (petits Arabes) y passent leurs journées à déterrer, en grattant le sol, des petites monnaies romaines, rongées par le temps, verdegrisées, informes et frustes, presque sans effigie, qu'ils viennent vendre le mardi, jour de marché, pour quelques sous, à des amateurs européens, qui se croient archéologues, ou à moi, qui aime ces vieilleries pour les souvenirs qu'elles rappellent et pour la philosophie qui s'en dégage.

Et les pères de ces *muchachos*, les Arbis, les Chaouïas de ces plaines, s'en vont aussi dans les *enchirs* avec leurs bourriquots, pour y chercher des pierres et en bâtir leurs gourbis. Des pierres, non, mais des parcelles, des débris de ces énormes rocs taillés qui étaient les matériaux des constructions romaines, et que les hommes d'aujourd'hui ne sauraient plus remuer. Je ne sais où les Romains allaient la prendre, cette pierre-là ; mais les décombres qu'ils ont laissés ici sont les carrières de la contrée. Tout est bâti de ces restes, même notre bordj, et le seuil de la chambre d'où je t'écris est une large pierre, portant une inscription latine, dont M. Mommsen pourrait faire son profit, et que je n'ai pas encore songé à déchiffrer, n'étant plus latiniste et n'étant point paléographe, mais sur laquelle nous passons vingt fois par jour, sans nous soucier du personnage ou du haut fait dont elle était destinée à éterniser la mémoire. *Proh pudor !*

Il faut bien que je te l'avoue : ces ruines, ces *enchirs*, je les regarde en passant, et je m'y arrête même un brin, le temps de philosopher et de réfléchir sur l'instabilité des choses humaines ; mais c'est tout. La seconde fois, ce n'est déjà plus amusant. La troisième, elles vous agacent, ces éternelles ruines ; car la pensée vous vient, pensée peu flatteuse, de celles que nous laisserions à côté, nous autres Français, si nous étions chassés à notre tour de l'Afrique. Les Romains l'ont bien été autrefois, par les Vandales d'abord et par les Arabes ensuite, mais par d'autres, il est vrai que ceux que nous administrons aujourd'hui. Nous laisserions la trace de quelques misérables bicoques, flambant neuves à cette heure, d'un neuf criard et pauvre, et déjà menaçant ruine, faites de ruines elles-mêmes ; nous laisserions de sordides baraques d'ouvriers ou de marchands d'absinthe, délabrées, ébranlées par les ivresses des mercantis ; nous laisserions un chemin de fer en construction, tout petit, avec ses ponceaux en miniature, frêles et écrasés dans l'immensité de la plaine, — plus une route qui est un chef-d'œuvre de notre génie civil, mais où passent des rouliers, des charrettes, d'ignobles véhicules qui l'effondrent à qui mieux mieux, toute la vilaine avant-garde en un mot, — sur cette vieille et silencieuse terre africaine, — de notre civilisation moderne et tout le prosaïque attirail du dieu Progrès.

. . . .

Un seul dédommagement. Faire quelques pas sur la droite ; contourner le bordj ; passer à côté d'une caserne aux murs effrités, où mettent leurs chevaux, leurs fourgons, et où campent les soldats du train, du 8e escadron (détachés de Dijon même), qui vont de temps en temps de Constantine ravitailler la garnison de Tebessa ; franchir une smala de gourbis et de tentes arabes où logent les familles de nos cavaliers ; se garer des chiens qui vous feraient un mauvais parti ; et arriver dans une gorge sauvage, rocailleuse et désolée, mais pittoresque et poétique ; s'asseoir là sur quelque roc ou sur le tronc de quelque pistachier desséché, dont les congénères lèvent leurs grands bras dénudés sur leurs têtes chauves de revenants : c'est un délice. Et l'on regarde les montagnes qui se dressent là-devant, hérissées d'arborescences espacées, mais vertes, d'un vert pâle, de ce vert persistant des arbres grêles et maladifs qui ont la nostalgie des terres grasses. Et cela s'appelle une forêt, une forêt domaniale, s'il te plaît : il y a de ces prodiges-là en Algérie.

Les montagnes ne sont pas hautes, mais elles le paraissent, parce qu'elles s'élèvent tout d'une pièce sur la plaine, et sans rime ni raison, comme celles que l'on voit sur les devants de feu en tapisserie ou sur les assiettes à dessert, servant de fond de tableau à des paysages incohérents et à des cathédrales gothiques installées sur des ilots microscopiques. J'ai déjà fait le tour de ce groupe de montagnes qui a 6 kilomètres de longueur sur 8 de largeur. Je dédie ma découverte à la Société bourguignonne de géographie...

25 février.

J'ai à te demander pardon : je m'étais trompé, à première vue j'avais mal jugé ce pays-ci.

Il est évident que j'avais perdu un peu de mon assiette en arrivant dans les plaines des Haractas. Que veux-tu ? il faisait un vent glacial sous un ciel sombre, pluvieux, menaçant, mortellement triste, qui avait plongé la nature dans le marasme et mon esprit dans une fort méchante humeur.

Mais le soleil est revenu, et, avec lui, la chaleur, la gaieté, la lumière, la vie. C'est un grand magicien ; et surtout ici, le pays ne peut avoir de charme que par lui, par les tons merveilleux, les teintes si diverses, mais si harmonieusement fondues et graduées qu'il ajoute à tout ce qu'il touche.

Donc, ce matin, au lever, je suis venu, comme à l'ordinaire, devant la porte du bordj, d'où l'on domine toute la plaine, et j'ai eu comme un éblouissement. Le soleil rayonnait dans l'air pur et illuminait l'atmosphère d'un bleu intense. Pas de vent, par exception ; une brise fraîche et vivifiante me fouettait délicieusement le sang. Et, par delà les fûts de colonnes, les chapiteaux romains et les tables de pierre qui décorent notre esplanade, la plaine apparaissait, lumineuse, étincelante, transfigurée, littéralement baignée dans une mer de lumière irisée. Çà et là, des troupeaux piquaient cette verdure rajeunie d'innombrables points blancs ou fauves microscopiques. Des tentes aux larges rayures noires et rouges, montaient lentement vers le ciel de longues colonnes de fumée toutes droites, ou parfois tout à coup brisées et ramenées dans la direction du vent léger et tiède. Et tout au fond, les montagnes dont je t'ai parlé, se dressant bleuâtres derrière la ligne vaporeuse des brumes planant sur les lacs, et laissant voir au-dessus d'elles, par delà d'autres plaines invisibles, l'énorme calotte de neige du Djebel-Aurès, alpe immense qui va se perdre dans le ciel, en attendant un Saussure ou un Jacques Balmat qui ne viendra peut-être jamais... A droite, d'autres montagnes, teintées de rose par un singulier jeu de lumière, ferment notre horizon, et, quoiqu'elles soient distantes de plus de 20 kilomètres, on en perçoit nettement les moindres arêtes, les moindres sillons, et jusqu'à ces *veines* de pierre dont les formes bizarres et tourmentées rappellent les gigantesques *oughrouds* (dunes) du Sahara. Enfin, au pied de ces montagnes, dont le cercle, depuis hier, semble, dans la limpidité de l'air, s'être rétréci, resserré vers nous, l'immense nappe bleue du Guéliff, reflétant le ciel.

Voilà ce que je n'avais pas vu, voilà ce qui s'est révélé ce matin à mon regard. J'ai retrouvé l'Orient de la Bible, l'Orient de Gautier et de Fromentin, le pays du soleil, en un mot, dont la lumière fait toute la beauté, toute la couleur, tout le charme, toute l'ivresse. Je vais endosser mon burnous.

Mais, sais-tu? mon cher père : une autre fumée tourbillonnant en panache blanc vient tout à coup d'apparaître au fond de la plaine, à droite, au pied des montagnes roses. C'est une locomotive, la première qui jusqu'aujourd'hui ait foulé ce sol vierge encore de nos inventions diaboliques. Déjà, l'autre jour, en revenant à la vieille maison romaine qui se dresse dans les ruines de l'*Enchir-Golfa*, j'entendais, en chevauchant, de longs bruits sourds, métalliques, qui couraient au ras du sol. Eh parbleu! c'étaient les *rails* qu'on posait sur le *ballast* de la ligne des Ouled-Rahmoun à Aïn-Béïda. Bizarre assemblage de mots, où le plus moderne des idiomes se marie à la plus ancienne langue du monde! mais assemblage de choses bien plus bizarre encore : un chemin de fer dans le désert! Eh bien! notre civilisation aura beau faire, et j'en demande pardon à tous les porteurs de Suez et de Panama : la main de l'homme ne parviendra pas, quoi qu'elle fasse, à gâter l'œuvre de Dieu. La fumée des paquebots n'a pas dépoétisé l'Océan ; celle des locomotives ne déparera point la splendeur de notre Algérie. Elle est si grande, et ce qu'on y fait est si petit, que cela paraît à peine.

· · · · · · · · · · · · · · · ·

Vois-tu, pour se plaire en Algérie, il faudrait avoir une âme d'artiste. Ce que les scènes de la vie arabe et la splendeur des paysages ensoleillés procureraient de jouissances et d'impressions toujours nouvelles, ferait oublier la monotonie et l'ennui de l'existence quotidienne. Ou bien, à défaut de cette âme (que je n'ai pas), il faudrait du moins chercher à vivre en artiste, — au point de vivre comme les Arabes, avec eux et chez eux, et pouvoir s'y plaire, — ce qui est malheureusement impraticable, non seulement pour moi, mais pour tout le monde.

Mon métier me met en contact presque perpétuel avec les indigènes ; je fais très souvent, trop souvent, des tournées dans leurs douars, et j'en suis réduit à partager leur couscoussou et à coucher sur leurs tapis au milieu de leurs puces. La première fois, pour l'amour de l'art, cela me parut charmant : mais aujourd'hui je n'ai pas encore mis le pied sous une tente que la nostalgie me prend de mon modeste intérieur...

Alors que faire ? Il faudrait être soi-même un indigène, habitué à vivre là-dedans, au milieu de l'infection et de la vermine, comme le poisson dans l'eau, — ou bien ne faire que passer, passer bien vite, se remplir en galopant la tête de scènes et de paysages dont on n'aurait le temps de voir que le charme, et s'en retourner toujours courant, vers des pays plus civilisés.

Nous sommes sortis, l'autre soir, vers cinq heures, et nous sommes allés dans la montagne (le Sidi-Rhéis). Par un étroit sentier, pierreux, sous les oliviers sauvages, à travers des gorges un peu sinistres, dans la solitude et le silence de la nuit qui tombait lentement, nous sommes montés jusqu'à un petit bordj en ruines dont nous approchâmes, le croyant inhabité. Une vieille arcade cintrée, où s'enchâssait jadis une porte, nous donna accès dans une étroite cour entourée de gourbis. Et de ces gourbis sortait un murmure sourd et confus de voix humaines répondant alternativement à une autre voix, claire et haute, qui disait avec recueillement des mots arabes, où revenait toujours en refrain le nom d'Allah. C'était la prière du soir chez le marabout de la montagne. Comme nous nous retirions pour ne la point troubler, et que nous redescendions vers la plaine, nous entendîmes tout à coup au-dessus de nos têtes une voix qui retentissait dans l'espace, sonore et prolongée, répercutée dans les gorges de la montagne. Nous nous retournâmes : debout, sous l'arcade cintrée, à l'entrée des ruines, un Arabe, dans une immobilité de statue, se tenait, les bras étendus, appelant d'une voix traînante d'autres fidèles à la prière. Et de toutes les gorges, de tous les ravins, sur toutes les pentes, sur tous les sentiers du Sidi-Rhéis, sortaient, montaient ou descendaient, vers les gourbis du marabout, des Arabes encapuchonnés, quelques-uns ramenant des pâturages leurs troupeaux qu'ils laissaient bêlants à la garde des chiens pour aller à la prière...

Ah ! ces recoins de montagnes, d'où la plaine ne se voit plus, et où la civilisation n'a pas encore pénétré, c'est le vrai pays de la poésie. Et je n'ai pas fini.

Au lieu de rentrer directement au bordj par le même chemin, nous avons traversé en droite ligne un pan de plaine, pierreux et dénudé, pour aller rejoindre la grande route et passer par le village. La nuit tombait de plus en plus, et, tandis que la lune arquait son pâle croissant au-dessus du Sidi-Rhéis derrière nous, nos ombres par devant commençaient à s'allonger, et là-bas le crépuscule rougissait le ciel. Nous arrivions à Oum-el-Bouaghi. Le village était très animé, ce soir-là ; l'air était encore chaud, et des maisons basses toutes les portes étaient ouvertes, montrant les intérieurs, les cafés maures, les boutiques bariolées des indigènes déjà éclairées. Des groupes en burnous, assis ou debout, se tenaient devant, prenant l'air, écoutant une musique nasillarde de flûte accompagnée des coups du tambourin arabe, qui jouait une mélopée traînante et monotone... D'autres groupes bruyants d'ouvriers italiens rentrant du travail, et chantant des chœurs au rythme plus gai mais non pas moins monotone, encombraient la route où s'esbaudissaient dans la poussière à grands cris des enfants qui couraient demi-nus. Et des chevaux pelés et éreintés, ceux des Messageries, venaient par files, suivis de leurs conducteurs qui juraient et bousculaient les Arabes, en se dirigeant vers l'abreuvoir où se débarbouillaient les ouvriers du chemin de fer. Une odeur forte de crottin séché sur le sol montait dans l'air, et nous rappelait les parfums vespertins de la rue Guillaume et de la rue Condé. Que nous en étions loin cependant ! les quatre tourelles du fortin, dont la blancheur se dessinait sur le fond noir de la montagne, au bout de l'avenue en pente qui mène au bordj, nous le disaient assez.

Je te dirai un autre jour quels sont au vrai l'esprit, le caractère et les mœurs de ces Arabes, — Kabyles ou Berbères, qui ne ressemblent guère aux *teurs* des villes maritimes dont Alphonse Daudet s'est amusé à crayonner la plaisante caricature. Je puis t'assurer dès à présent, étant donnés les gens qui m'entourent et que j'administre, que nous ne sommes pas encore à la veille de cette assimilation qui est le beau rêve de quelques esprits généreux, et sur laquelle M. Onésime Reclus paraît compter pour l'édification de sa nouvelle France africaine. Les *Rou-*

mis pourront dominer par le nombre (ce dont je doute) comme ils dominent déjà par la force, mais ce n'est pas en un siècle, ni même en deux, que l'on refait l'âme d'une race. Je retrouve dans ce peuple-ci la même âme qu'il devait avoir au temps, non seulement de Mahomet, mais de Jacob lui-même. Il est resté, à bien peu de chose près, ce qu'il devait être quand Rébecca trouva Eliézer à la fontaine, quand Joseph fut vendu par ses frères et Putiphar trompé par sa femme. C'est la même indifférence stoïque et admirable devant le malheur, le même mépris joint au même amour charnel de la femme, les mêmes habitudes de chicane (l'histoire de Jacob et de Laban en fait foi), les mêmes coutumes hospitalières avec le même fanatisme religieux, les mêmes discordes de tribu à tribu, de douar à douar, les mêmes goûts de luxe extérieur, de parade et de fantasia, tous les caractères en un mot d'un peuple resté enfant et primitif jusque dans la vieillesse. Pourquoi Mathusalem n'a-t-il pas pu prolonger la sienne jusqu'à nos jours ? Il retrouverait les descendants de ses descendants, robustes et bronzés comme ses contemporains d'il y a cinq mille ans, menant la même vie sous d'autres tentes, gardant leurs troupeaux dans d'autres pâturages, et présidant le soir, auprès des fontaines et sous les palmiers, aux mêmes scènes patriarcales.

. . . .

Oum-el-Bouaghi, 3 mars.

. . . .

On pourrait dire, avec une légère variante au proverbe bien connu, que ce qu'il y a de meilleur ici dans l'homme, c'est le chameau. Il est au moins certain que l'un ne se comprend pas et qu'il ne saurait vivre sans l'autre.

N'est-ce pas Buffon qui a appelé le chameau « le vaisseau du désert » ? Moi je l'aime indépendamment de l'usage que j'en pourrais faire, et que je n'en ferai pas. Quand je passe à côté de lui, il me regarde du haut de sa grandeur, mais sans orgueil et d'un air qui veut dire : « Tiens ! te voilà, toi ? si tu savais comme cela m'est égal ? » C'est un animal philosophe. Il est fort laid, j'en conviens, mais d'une laideur sympathique ; de même sa gravité est risible sans être grotesque. Je sais plus d'un romancier contemporain qui l'étudierait avec fruit et ferait à son endroit de curieuses observations psychologiques. La psychologie du chameau.

Je l'aime encore parce que c'est un animal suggestif, comme disent les mêmes romanciers, et qu'il fait rêver de l'Orient. Entre ses longues jambes j'entrevois en imagination de vastes plaines de sable, des pyramides à l'horizon, un palmier au premier plan, un fleuve à droite, comme le Nil, un gourbi en roseaux sur le bord, un fellah accroupi sur le seuil, prenant son bain de soleil, avec, devant le toit, un fidèle ibis perché sur une de ses pattes. Que de choses dans un chameau !

Et tout sec même, sans aucun assaisonnement imaginatif, le chameau, tel qu'il est, et réduit à lui-même, mérite encore d'être observé et apprécié. J'ai vu souvent, dans un marché arabe, au milieu d'un fourmillement de haïks et de burnous blancs, émerger sa silhouette brune d'entre les petites tentes grises qui abritaient ses maîtres, juifs, kabyles ou nègres, avec leurs marchandises ; le chameau était là immobile, indifférent, philosophe, prenant moralement des notes, j'en suis sûr, et jaugeant à sa façon la bêtise et la canaillerie humaines. Je ne sais si je me trompe : il y a des moments où il a l'air de nous mépriser.

C'est du reste un grand personnage : on le voit de loin et plus haut que soi. Une fois, à M'Sila, j'étais aller me promener en plaine du côté de Bou-Saada, et je m'égarai au milieu d'un écheveau de dromadaires tellement emmêlé que je n'en pouvais plus sortir. J'étais à cheval, et néanmoins je me sentais petit, inférieur, humilié. Eux paissaient tranquillement, l'encolure penchée vers la terre, et c'est à peine s'ils me faisaient l'honneur de relever la tête quand je passais. Ce n'était que moi et mon cheval ! Ils n'en perdirent pas un coup de dent, et j'ai quelques raisons de croire qu'ils se moquèrent un peu en ma personne du roi de la création.

Mais le chameau a beau être grand, il n'en est pas plus fier. Si l'énormité de son avant-train pouvait lui donner de lui-même une idée avantageuse, il serait bien vite ramené à des sentiments plus humbles par les disgrâces de l'arrière-train. Il n'en a pas besoin : aussi sage que Socrate, il se connaît lui-même. Au marché, on plie en deux une de ses jambes de devant pour empêcher qu'il ne s'échappe, et ainsi disposé, il ressemble à un grand trépied supportant une grande marmite qui est sa bosse. Précaution inutile d'ailleurs : il est là, il ne demande pas mieux que d'y rester.

On croit que, s'il ne galope jamais, c'est à cause de la faiblesse relative de son arrière-train Quelle erreur ! Il galoperait comme un autre, s'il le voulait bien ; mais à quoi bon ? il n'est pas pressé : la vie est longue, on a toujours le temps d'arriver. Et puis, une fois arrivé, sera-t-on mieux là-bas qu'on ne l'est ici ? il se le demande. Le chameau est fataliste. Enfin s'il ne galope pas, il court quelquefois, et je ne sache rien de plus comique que de voir courir un chameau avec ses grandes pattes dégingandées qui s'entre-croisent les unes dans les autres, ce long cou et cette longue tête tendus en avant à un kilomètre devant les pattes, et cette toute petite queue qui frétille en l'air comme un fouet d'enfant.

Au repos, il vit au dedans de lui-même, en compagnie des idées qu'il a emmagasinées chemin faisant dans les lobes de sa cervelle, comme il boit, sans en avoir l'air, l'eau qu'il a entreposée prudemment dans une poche de son estomac pour traverser le désert. Il connaît, aussi bien que les héroïnes de Paul Bourget, « le reploiement des âmes en arrière. » Ce n'est pas qu'il manque d'esprit, en sa qualité de bossu ! mais il n'en fait pas montre, comme ses confrères de l'espèce humaine : il sait qu'il n'a qu'à se montrer lui-même pour faire rire les gens, et il se contente de ce petit succès.

Et ce n'est pas là, crois-le bien, l'unique supériorité qu'il a sur nous. Quand on le charge il s'accroupit par terre, et tout le temps que dure l'opération, il crie : il semble annoncer ainsi qu'il va travailler, et que ça l'ennuie (en quoi il nous ressemble). Mais quand il porte son poids et qu'il travaille réellement, il ne dit plus rien ; on ne l'entend plus ; il est résigné, patient, et il s'en va ainsi des journées entières, sans manger, sans boire, sans se plaindre (en quoi il ne nous ressemble plus), d'un pas égal à travers les sables brûlants vers l'horizon sans limites. Beaucoup de besogne et pas de bruit. C'est justement l'inverse de chez nous, à l'exception des avocats et des députés qui font, à ce qu'on dit, beaucoup de bruit et beaucoup de besogne à la fois.

Maintenant je ne veux pas te laisser d'illusions sur mon ami le chameau. Il serait par trop étrange qu'il fût parfait, quand l'homme ne l'est pas. Il a aussi son défaut de la cuirasse, son talon d'Achille, d'autant plus répréhensible, à mon avis, qu'il le dissimule davantage. Oui, avec ses airs de sainte-nitouche ou de philosophe allemand désintéressé du monde extérieur et du non-moi, le chameau est le plus curieux peut-être et le plus indiscret de tous les êtres créés. J'en ai acquis la certitude dans une de mes tournées aux environs de M'Sila.

Nous étions logés dans un *fondouk,* une hôtellerie arabe où l'on ne mange que ce qu'on apporte soi-même et où l'on ne donne à coucher qu'aux bêtes, les maîtres dormant avec, si bon leur semble. On nous avait pourtant fait la grâce, en notre qualité d'administrateurs, de nous trouver une sorte d'écurie donnant sur une cour intérieure, et ornée, pour tout mobilier, de deux ou trois nattes dépenaillées dont je crois bien que nos chevaux n'auraient pas voulu pour litière. C'était un samedi, la veille du jour de marché, et la cour était pleine de chameaux qui avaient l'air de dormir, les sournois ! Mais ne voilà-t-il pas qu'au moment où nous secouions la cendre de nos pipes pour aller nous mettre au lit, si j'ose m'exprimer ainsi, nos chameaux, attirés par la lumière, se présentent à la queue-leu-leu devant le judas qui servait de fenêtre à notre *buen-retiro*, allongeant leurs mufles jusqu'à toucher les vitres, heureusement protégées par un grillage. Et c'était charmant. Il y en avait qui poussaient de petits cris à réveiller les morts, et d'autres qui frappaient le sol de leurs larges pieds à longs coups sourds qui ébranlaient le *fondouk* sur sa base. Ils nous avaient surpris dans notre déshabillé : ils avaient jugé, dans leur for intérieur, que l'homme, dépouillé de sa matraque, n'est pas visiblement supérieur au chameau, et ils en témoignaient leur allégresse dans leur idiome camélique.

Je reviens à l'homme :

Est-il vrai que le temps approche où toute nationalité va disparaître, et où la « patrie » sera un archéologisme comme la « tribu » l'était déjà devenue en Turquie du temps de Flaubert ? Non, la nationalité arabe ne disparaîtra pas plus de ce côté-ci de la Méditerranée que l'idée de patrie, je l'espère, ne périra de l'autre. La preuve en est que, même dans les plus grandes villes de l'Algérie, je veux dire dans toutes celles qui furent autrefois des cités purement arabes, comme Constantine, Alger, Tlemcen, etc., les quartiers indigènes ont conservé leur physionomie d'autrefois et à peu de chose près l'intégralité de leurs mœurs primitives. Il y a là comme une épaisse muraille qui les isole à tout jamais de la contagion civilisatrice : c'est la religion musulmane — une muraille sans portes et sans fenêtres.

A l'intérieur, en pays arabe, dans le Tell, dans les Hauts-Plateaux, aussi bien que dans le Sahara, même à l'entour des villes et des villages français, même dans les pays de colonisation comme le Sahel et la Mitidja, la tribu est vivante encore, aussi vivante que jamais, et, avec elle, l'existence des peuples pasteurs et agricoles, les mœurs des temps barbares et les usages patriarcaux et les coutumes féodales du monde musulman, esclavage en tête.

Il ne faudrait pas en juger par les apparences. Les Arabes sont de bons enfants, qui ont bien su nous emprunter ce que nous avons de bon, nos bougies pour s'éclairer, notre toile pour s'en faire des chemises, nos armes pour aller à la chasse et au besoin pour nous faire la guerre, notre papier pour écrire, nos tasses pour boire le café, nos verres même pour humer l'absinthe. Ils trouvent le chemin de fer infiniment plus pratique pour voyager que le dos d'un cheval, la bosse d'un chameau, la semelle d'*alfa* de leurs savates ou la plante de leurs pieds. Dans les villes, ils commencent à habiter des maisons semblables aux nôtres, qu'ils *arabisent* vite il est vrai; mais ils estiment que nos sommiers élastiques ont du bon. Dans les douars mêmes, quelques-uns, les riches, se sont fait construire des habitations, des *bordjs* à la mode européenne, jugeant avec raison que des constructions de ce genre sont de meilleurs et plus sûrs abris pour eux, pour leurs richesses et leurs troupeaux, qu'une tente, qu'un misérable gourbi en pierres sèches, ou qu'un de ces bordjs primitifs dus à la main-d'œuvre indigène, et que ces nomades d'hier affectent de ne plus trouver assez confortables, ni assez luxueux. Ils fréquentent nos cafés, nos théâtres, font des affaires avec nous, descendent dans les mêmes hôtels que nous, se font soigner par nos médecins quand ils sont vraiment malades, épousent même de temps en temps des filles françaises quand on veut bien leur en donner, et l'on a vu des Français épouser des filles arabes plus souvent que des rois épouser des bergères.

Oui, mais ils gardent toujours leurs idées de derrière la tête, comme ils ont gardé leur costume; ils gardent leurs sentiments, leurs passions, leur fanatisme et leur fatalisme, comme ils ont gardé leur foi à l'Islam. Et si quelques-uns, momentanément pendant une période de leur existence, vivent à la française pour répondre à certaines exigences ou pour soigner certains intérêts personnels, si même ils ne diffèrent de nous que par leur teint bronzé, s'efforçant de paraître aussi français que possible par les manières, par le langage, par l'esprit, mauvais ou bon, qu'ils nous empruntent, crois bien que dans le fond ils n'en sont pas moins restés arabes. C'est une concession passagère qu'ils font à leur intérêt que cette incursion de quelques années qu'ils accomplissent dans nos mœurs. Mais ils en rient sous cape, j'en mettrais la main au feu; et, affublés ainsi du caractère européen, comme d'un manteau que l'on prend et que l'on rejette à volonté, on dirait des fils de famille en partie fine dans un monde où ils s'amusent, mais qu'ils méprisent, de leur point de vue musulman, et où ils ne voudraient pas être reconnus par d'honnêtes gens.

L'autre jour, j'ai reçu la lettre suivante, écrite en excellent français:

MONSIEUR,

« Pour fêter son élévation au grade de commandeur de la Légion d'Honneur, mon père, ancien caïd, vous prie de vouloir bien honorer

de votre présence un punch qu'il offrira diman-
che soir en son bordj. Vive la France ! »

Ce bordj est près de la ville d'Aïn-Beïda. J'y
étais allé plusieurs fois ; on m'y avait servi la
diffa, un couscous phénoménal. J'y avais même
couché dans une chambre pleine de yatagans à
fourreaux d'argent ciselés et de fusils damas-
quinés, tout incrustés de nacre et de corail,
dans un lit, à sommier il est vrai, mais dont
l'oreiller était de forme arabe et d'étoffe de
soie cramoisie, brodée d'or. J'y avais eu pour cou-
vertures des *haïks* d'un coloris merveilleux, et
pour tapis de pied une peau de panthère avec
toutes ses griffes, mais sans la tête, suivant l'u-
sage arabe. Ma chambre donnait sur une cour, —
la cour des hôtes, — que traversaient sans cesse
des serviteurs (des esclaves sans doute ?), et le
long des murs de laquelle des pauvres, des pas-
sants, des voisins accroupis attendaient — hôtes
de Dieu — les reliefs de notre festin qu'on leur
donnait généreusement jusqu'au dernier morceau, les Arabes ne connaissant pas l'art d'accom-
moder les restes. Il y avait d'autres cours où
s'ouvraient les logements des femmes ; mais
dans celles-là je n'ai point pénétré, les conve-
nances et le Prophète s'y opposaient. Devant la
porte étaient nos chevaux, à la corde, soignés
avec d'autant plus d'égards que leurs proprié-

taires passaient pour être des personnages de plus haute marque ; c'est un usage arabe que les bêtes partagent le prestige de leurs maîtres, et rien de plus juste, puisque c'est à celles-là que ceux-ci doivent le leur, tant à la guerre qu'à la chasse ou dans les *fantasias*. Tout autour du bordj, il y avait des jardins à fruits, des bâtiments, des granges, des *silos*, des tentes pour les *kammès*, cultivateurs à gages, vassaux ou bergers, qu'on voyait rentrer le soir, ramenant d'innombrables troupeaux ou des meutes de chiens, grands lévriers superbes qu'ils dressent pour la chasse, ou bien des faucons qu'ils portaient encapuchonnés sur leurs poings ou juchés sur la croupe de leurs chevaux.

Le maître de tout cela, Si-Ali-ben-Larbi, vrai seigneur féodal, ancien caïd et chef de la plus grande famille des Haractas, était le nouveau commandeur de la Légion d'Honneur. On me dit que jadis, lorsqu'il avait partagé avec son frère l'héritage paternel, c'est avec un boisseau à grains qu'ils avaient mesuré l'argent gardé dans de mystérieux silos. Cet homme avait rendu de grands services à la France, et il n'en a pas moins conservé une grande influence sur les indigènes, qui pour la plupart sont un peu comme nos paysans de France, et ne cherchent pas à en savoir plus long que leur curé ; ce qui d'ailleurs ne les oblige pas à pratiquer. Il faut voir le respect dont le caïd Ali est entouré par eux : quand il sort, on se presse autour de lui, on se bouscule pour lui baiser la main ou le pan de son burnous. Tels nos grands seigneurs d'autrefois (il y a bien longtemps) lorsqu'ils quittaient leurs domaines, ou tel encore le pape lui-même, dans sa bonne ville de Rome, lorsqu'il pouvait s'y montrer impunément. En public, ses fils ne parlent pas devant lui s'il ne les interroge, se tiennent debout, même dans l'intimité, tant qu'il ne les convie à s'asseoir, et s'abstiennent de fumer, même quand il les y autorise. Et c'est là, par ces gens-là, qu'allait être offerte la plus démocratique des choses : un punch?...

Or, l'un des fils du caïd était justement celui qui nous avait invités, le cheïck de l'un de nos douars, l'aimable El-Hadj-Chériff-ben-Ali. N'était le costume arabe qu'il a repris depuis son retour de Paris, tu le tiendrais pour un Français de la tête aux pieds, et il l'est bien en effet par le caractère, par les mœurs et surtout par l'esprit. Il a fait ses études je ne sais où ; mais son instruction est assez étendue et son éducation soignée. Il parle et il écrit le français aussi bien que moi, sinon mieux. Quand il vint à Paris, il y a quelques années, il descendit au Grand-Hôtel, et M. Grévy, qui était alors Président de la République, le reçut comme un prince, mieux que cela, comme un allié puissant qu'il importait de ménager et à qui un officier supérieur et un peloton de cavalerie furent donnés comme escorte le jour de la revue de Longchamps, au 14 juillet, Il se rencontra là avec le roi Norodom, du Cambodge, je crois; mais il y fit une bien autre figure. C'était lui, le vrai roi; on se le disputait dans tous les salons, et il se fit présenter dans tous les mondes, où il fut accueilli avec faveur et distinction. Au bois, quand il y allait sur un des chevaux de la Présidence avec son costume arabe, on ne regardait que lui. Ailleurs, le soir, il faisait florès, d'autant plus qu'il semait les bijoux et les boudjous sur son passage. Je ne sais trop ce que la loi de Mahomet lui permit ou lui interdit de faire; toujours est-il qu'aujourd'hui il compte parmi les meilleurs valseurs de la province, et qu'il obtint les plus grands succès aux bals de la préfecture à Constantine, où on le regardait jadis comme un enfant de la maison, en considération des services rendus par son père. Il est parti depuis pour la Tunisie, où il a fait campagne avec les *goums* algériens qui combattaient pour nous, et cela lui a valu la croix de la Légion d'Honneur.

Eh bien! tout cela n'a pas empêché qu'il ne fît encore, l'an dernier, en compagnie de son vieux père, de sa mère et de son frère aîné, le pèlerinage de la Mecque, avec toutes les formalités, toutes les génuflexions et tous les salamalecs requis dans la circonstance. Il a même, dans son beau zèle musulman, poussé jusqu'à Médine, à travers le Hedjaz. Et il m'a dit des merveilles de ce voyage, des mosquées étincelantes au dehors comme au dedans qu'il a visitées, des richesses incomparables qu'elles renferment. Après quoi, se reprenant tout à coup, comme s'il eût craint d'avoir trop montré le bout de son oreille mahométane : « J'aurais mieux aimé, me dit-il, aller faire un tour de boulevard, et revoir l'Opéra, le café de la Paix ou les concerts des Champs-Elysées ! » Vaine précaution, dont je n'ai pas été plus dupe qu'il ne me convenait de l'être en apparence, et je suis convaincu que cet homme, ce Français, ce beau Chériff, dont le moral et les allures semblent s'être si bien assimilés aux nôtres, n'en est pas moins resté au fond le plus arabisant des Arabes. C'est d'ailleurs l'opinion de tous ceux qui le connaissent. Et pour nous qui sommes le plus tolérant des peuples en même temps que celui qui comprend le mieux qu'on doit tenir à sa nationalité et à l'esprit de sa race, nous ne saurions lui en vouloir, et nous devons nous contenter d'entendre dire aux plus éclairés des indigènes algériens : « Si je n'étais Arabe, je voudrais être Français. »

Un autre exemple. Nous avions, à l'Ouarsenis, dans le pays où est né Robert, un vieux cheïck qui s'appelait Kadour-ben.... (je ne sais plus qui); c'était un ancien lieutenant de spahis, décoré, lui aussi, en 1863. Depuis l'âge de 18 ans, il avait vécu à l'armée avec des Français, et fait toutes les campagnes du second empire, à part la Chine et le Mexique. Il avait gagné sa croix sur les champs de bataille en se battant pour la France. En 1868, on l'avait détaché à Paris avec son peloton pour le service des Tuileries ; il avait dîné à la table de l'empereur, et fréquenté, comme Chériff, le monde parisien, — peut-être même un meilleur monde.

Le même Kaddour, après avoir pris sa retraite, revint à Orléansville, dans son pays (les Arabes y reviennent toujours pour mourir), se fit nommer cheïck de l'une des plus importantes tribus de l'Ouarensenis, les Beni-bou-Khannous ; et, depuis ce temps-là, il est redevenu Arabe, Arabe jusqu'aux moelles, passant des journées à égrener entre ses doigts son éternel chapelet, et ne buvant plus que de l'eau, lui, ancien officier, à qui le vin, le cognac et l'absinthe n'avaient jamais fait peur dans sa jeunesse. Sous ses burnous il porte encore, aux grands jours, son ancien uniforme de lieutenant indigène ; mais il mourra, comme ses coreligionnaires, devant son gourbi, en plein air, pour voir le ciel, le soleil et ses montagnes une dernière fois, et le visage tourné vers l'Orient, vers la Mecque,

après avoir traîné ses derniers jours lamentable-
ment, accroupi sur une natte, au fond de son
gourbi fétide.

En vérité, je te le dis, mon cher père, l'esprit
de la « tribu » est immortel, et c'est une mer-
veille de retrouver vivant encore et vivace quelque chose d'aussi antique en pleine fin de siècle,
à cinquante heures de Paris.

Oum-el-Bouaghi, 15 mars.

. . . .

Enfin le soleil est revenu. J'aperçois là-bas,
devant les maisons du village, des Arabes assis
béatement dans leurs burnous, prenant un bain
de lézards, heureux et réchauffés, humant vo-
luptueusement l'air tiède, se grisant à regarder
le ciel bleu qu'ils n'avaient pas vu depuis si
longtemps, et, j'en suis sûr, ne pensant à rien,
pour ne pas troubler le bonheur de se sentir
vivre au soleil.

Tout près de notre bordj, sur le terrain nu et
sali de détritus, il y a une *mècheta*(1) composée
de quelques gourbis en pierres sèches ramassées
sur le sol et de tentes où logent les familles de
nos cavaliers. Sous ces tentes tout est en fête :
un air doux et sain circule par les tentures rele-
vées et semble en chasser la tristesse ; les

(1) Sorte de hameau arabe improvisé.

chiens sont vautrés au soleil sur les tapis étendus qu'on vient de secouer, et où s'ébattent
joyeusement des myriades de puces. Les vieilles
moukères ont fait, ce semble, un bout de toilette,
et les petits enfants, tout nus, courent avec des
cris de joie autour des gourbis. Il y en a qui ont
ramassé dans les ordures de vieilles boîtes de
fer-blanc, et qui les traînent dans la poussière,
exaltés, enthousiasmés par ce bruit de crécelle.
Les Arabes, ce peuple silencieux, adorent le
bruit, et il n'y a pas chez eux de bonne fête
sans vacarme et sans charivari. Plus loin, au
bord de la route, un groupe de petits bergers
qui ont sans doute abandonné leurs troupeaux,
mais qui ont gardé leurs matraques, se dispu-
tent, en vociférant, de gros cailloux qu'ils chas-
sent devant eux à toute vitesse, burnous au
vent, et *gandourah* lestement retroussée dans
la ceinture.

Je descends la pente du monticule sur lequel
est assis notre bordj, entre le Sidi-Rhéïs et la
route. Jaloux de prendre ma part de soleil, je
dévale rapidement à travers les terrains pierreux,
pelés et vilains, que ravinent en certains endroits les *oueds* venus de la montagne, à sec
maintenant et presque toujours. Dans ces ravinements vallonnés et mamelonnés sont de jolis
recoins, où des broussailles et quelques arbres,
chênes verts ou oliviers, au triste et pâle feuil-

lage, ont poussé. Est-ce une illusion ? ces arbres-
là ne me semblent être nullement parents de
ceux de France : ils ne sont pas chrétiens, c'est
évident ; il y a sur toute l'Algérie un je ne sais
quoi qui s'attache à tout, qui imprègne tout, et
qui donne à tout un caractère musulman. Non,
je ne me trompe pas, c'est bien cela. Un autre
trait particulier à ce pays, c'est qu'on n'y sent pas
dans l'air la moindre odeur de verdure ou de terre
fraîche, comme chez nous. Çà et là seulement,
l'odorante fumée du bois de genévrier ou de
thuya qu'on brûle sous les tentes et le parfum
sui generis que les troupeaux de moutons ont
laissé aux endroits où ils ont brouté. A l'Ouarsenis, du moins, nous avions l'arôme des essen-
ces résineuses, embaumé et pénétrant, et quelquefois, au bord des rivières, les effluves capi-
teux et fins des lauriers-roses et de leurs longues
feuilles vertes surchauffées par le soleil.

Mais sur cette plaine où j'étais arrivé, et qui,
de tout le pays des Haractas, possède seule quelques arbres chétifs, tombés apparemment de la
montagne voisine, apparaissait, dans la maigre
verdure, une petite construction carrée, toute
blanche, bien construite, — trop bien même, —
et couverte d'un vilain toit rouge en tuiles plates
européénnes. Je voulus voir ce que c'était.
Comme j'en approchais, les chiens d'un long
gourbi entouré de petits murs, que je n'avais

pas aperçu, se lancèrent après moi. Un Arabe sortit pour les chasser, et, me reconnaissant à mon uniforme, vint me baiser la main, et m'accompagna à la maison blanche, qui n'était autre qu'un *marabout*.

Marabout est un terme général et vague appliqué à tout ce qui revêt un caractère sacré, hommes ou choses. Il y a des arbres marabouts, comme il y a des familles maraboutiques dont tous les membres sont marabouts. Les arbres marabouts sont ceux qui ont poussé dans des endroits privilégiés, consacrés par le souvenir d'un saint homme qui avait coutume de s'y reposer ou d'y faire sa prière, ou qui y est mort et qui y a été enseveli. Il n'en faut pas davantage à la piété ou à la superstition des peuples pour sanctifier le végétal. Une légende veut, par exemple, qu'en passant dans le pays un pèlerin fameux ou un groupe de pèlerins, se rendant à la Mecque, se soit arrêté un moment au pied de tel arbre : l'arbre est devenu marabout par le fait, et on le reconnaît à la multitude des loques qui y sont attachées en guise d'*ex-voto*.

Si des tombes se trouvent autour d'un arbre, comme tout champ de la mort est sacré pour les musulmans, cet arbre est également marabout et orné de loques comme le précédent. Tout passant pieux se fait un devoir de se prosterner devant lui la face contre terre, de marmotter des salamalecs : après quoi, il déchire un fragment de son mouchoir, de son turban ou de sa *gandourah*, et le tour est joué... Il y a un saint de plus dans le désert. Mais les vrais marabouts, comme tu le penses bien, ceux du moins que nous regardons comme tels, nous autres chiens de chrétiens, ce sont les hommes qui ont conquis ou mérité ce titre soit par leur origine maraboutique, soit par l'austérité de leur vie, soit par le vœu qui les a consacrés à Allah et à la vie spirituelle, dont l'unique manifestation est d'enseigner le Coran aux moutards des environs, ou de réunir quelques fidèles chez eux pour faire la prière en commun.

Tous les marabouts, d'ailleurs, ne sont pas voués à la vie spirituelle : ils en portent le nom sans en exercer la fonction ; ils sont aux autres ce que nos cadets de l'ancien régime étaient aux nobles proprement dits ; ils ont dans les veines du sang de marabout, et voilà tout. Notre garçon d'écurie est marabout. Il y a aussi des femmes maraboutes. Et enfin le même nom de marabouts est donné à ces espèces de petites chapelles construites sur les tombeaux de certains saints personnages, comme est celle que j'ai eu l'honneur de visiter.

La porte, peinte en vert, en était entrebâillée; elle n'est jamais fermée. A toute heure de jour ou de nuit, les croyants peuvent venir prier sur le tombeau du saint homme, très vénéré par les Haractas, El-Hadj-Saïd, qui a été enterré là. Au-dessus de la fosse est un sarcophage, également peint en vert, et recouvert de pauvres tentures en cotonnades multicolores. Les murs entièrement nus suintent l'humidité, et tout cela est fort laid. J'en demande bien pardon aux maçons européens qui ont dû construire cette bicoque ; mais ils n'ont pas su donner à leur œuvre le cachet de pittoresque et d'originalité qui distingue les autres marabouts, que j'ai vus en Algérie. Ceux-là n'ont pourtant rien de plus décoratif que celui-ci, ni de plus achevé au point de vue de l'art : quatre murs irréguliers, relevés aux angles, surmontés d'une petite coupole en maçonnerie de terre, le tout blanchi à la chaux ; pour porte, quelques planches tant bien que mal ajustées dans l'ouverture basse et cintrée de l'édifice ; dans les murs de petites fenêtres carrées microscopiques; mais l'ensemble vous a une physionomie vraiment orientale, et, de loin surtout, quand ces marabouts sont sur une hauteur, ils vous paraissent énormes, et ils mettent dans tout le pays comme un grand point blanc rayonnant qui se voit de partout.

Ici, il y a une vilaine charpente fort savamment ajustée, qui laisse voir le dessous des tuiles rouges et qui dépoétise le marabout. Je remercie l'Arabe qui m'a accompagné, qui a relevé les tentures du sarcophage pour me montrer le petit cercueil vide peint en vert, et je m'en vais. Autour du marabout est un cimetière arabe, des tombes bombées sur lesquelles sont amoncelés des cailloux... Je me hâte de gagner un massif d'oliviers qui a poussé entre d'énormes pierres que l'on a creusées, entaillées, pour en faire du macadam, et je m'enfonce dans le lit d'un *oued* à sec qui passe là. Ce lit est large et profond, encombré de pierres blanchies par les eaux et le soleil, avec, par intervalles, une sorte de sable ou de poussière argileuse ; mais pas une plante, pas même une racine de n'importe quoi dans ce ravin desséché où coulait à pleins bords, il y a un mois à peine, un torrent limoneux. Sur les rives, de loin en loin, quelques arbres, tordus ou penchés, jettent un peu d'ombre rare dans les bas-fonds encaissés. Un oiseau, qui chantait sur une branche, s'enfuit à mon approche... Hélas ! notre prose civilisatrice chassera de même devant elle la poésie du désert, et, en attendant, elles vivent côte à côte, mélangées, l'une dans l'autre ; mais si la prose n'y gagne rien, la poésie en revanche y perd beaucoup.

Comme je revenais au bordj, en repassant par le marabout, l'Arabe du gourbi voisin vint encore à moi, et me pria de m'arrêter un moment chez lui pour prendre le café. Une telle invitation ne se refuse jamais ici. Je suivis donc mon hôte improvisé.

Devant le gourbi, dans une enceinte de petits murs bas, croulants, renforcés en certains endroits de broussailles épineuses desséchées, était une sorte de cour servant de parc à moutons, — l'odeur en faisait foi, — toute pleine de fumier et de crottin, de ce crottin violent des chevaux arabes nourris à l'orge, et que des poules picoraient. Tous ces abords étaient sales, encombrés de détritus, de carcasses innomées blanchissant au soleil, et d'intestins de bêtes pourrissant, comme autour de toutes les habitations et de tous les campements arabes. Sur une natte, à l'entrée du gourbi, au milieu de ces immondices pourrissait aussi un vieillard à barbe blanche, très décrépit, très cadavéreux, à la face parcheminée, grelottant dans un burnous en loques tout brodé de rapiéçages grossiers, égrenant entre ses doigts osseux et noirs son éternel chapelet. Quoique chef de famille encore, ce vieux ne se considérait déjà plus sans doute comme étant de ce monde ; car il ne se leva point et ne me regarda seulement pas lorsque j'entrai chez lui avec son fils, ce qui est contraire à toutes les lois de l'hospitalité arabe.

Les gourbis, ces habitations d'un peuple resté primitif à travers les âges, sont également fort primitifs. Quatre murs en pierres sèches, irréguliers, bossus, tortueux, réfractaires à la ligne droite, tantôt penchés en dehors, tantôt rentrant en dedans ; un toit fait de perches tordues, raboteuses, appuyées sur de plus fortes branches, et le tout recouvert de *dyss ;* un trou percé au premier endroit venu, fort étroit et fort bas, en guise de porte ; comme parquet le sol plus ou moins bien tassé : tel est en général l'habitacle de l'Arabe. En certaines régions, à M'Sila par exemple et dans le Sahara, les gourbis sont construits en briques de boue mélangée de paille, qu'on appelle des *toubs*, et le toit forme une terrasse faite d'une épaisse couche de ce même mortier de boue, appliquée sur des perches posées en rangs serrés et à plat au-dessus des murs. Il ne faut pas longtemps pour élever de tels édifices : une journée suffit et au delà. C'est qu'aussi tout le monde s'y emploie : parents, amis, voisins, et la main-d'œuvre ne coûte pas cher aux Arabes. C'est, comme ils disent : *Bel Mezia* (pour l'amour de Dieu), mais à charge de revanche. Une fois, dans le Souf, à El-Oued, sur la frontière de Tunisie, un instituteur, venant de faire sa classe aux quelques moricauds indigènes dont l'éducation lui était confiée, fut très surpris, — me dit-il, — de voir, en face de la sienne, une maison déjà habitée et qui n'existait pas encore quand il avait commencé sa classe. Et ces masures tiennent debout pendant des années et des années, tant que le toit les soutient ; elles ne tombent que lorsqu'on les abandonne.

Dans le gourbi où je fus introduit, comme dans tous les autres d'ailleurs où le jour ne pénètre que par l'étroite fente de la porte, il faisait parfaitement noir, et tout d'abord je ne vis rien. J'entendis seulement des frôlements rapides, des voix rieuses étouffées et des pas légers, précipités, mêlés au cliquetis des lourds anneaux de fer ou d'argent que les femmes portent en tout temps au-dessus de la cheville, à chaque jambe. C'étaient les jeunes filles qui s'enfuyaient à l'approche du *roumi*, et qui se réfugiaient dans le fond du gourbi, où un jeune veau attaché se mit à beugler, tandis qu'une poule, affolée elle aussi, cherchait la porte en voletant avec des cris désespérés. Seule, une vieille *moukère*, qui n'avait peut-être pas encore trente ans, accroupie près d'un restant de braise qui blanchissait dans un trou creusé en terre, au milieu du gourbi, ne s'était pas dérangée. A peu près sûre de ne pas éveiller ma curiosité ni la jalousie de son mari, elle ne se croyait pas obligée de se voiler la face devant un homme. Les autres, les jeunes, avaient retourné la leur du côté du mur, non sans risquer un œil de temps en temps vers l'endroit où j'étais. Que Mahomet le leur pardonne ! elles ont pu le faire impunément. Tu sais qu'elles ne doivent jamais paraître devant les hôtes de leurs pères, de leurs frères, ou de leurs maris, à moins que l'ordre ne leur en soit formellement intimé, ce qui arrive rarement, non point tant à cause de la jalousie des hommes comme on le prétend, que par respect pour la famille, sur laquelle l'étranger pourrait se faire mille idées, justes peut-être, mais qu'il importe de ne pas lui donner. Dans les fêtes seulement, lorsqu'elles dansent, on peut voir les femmes à visage découvert, et même il n'est pas défendu de déposer sur leurs fronts des pièces de dix sous ou des *douros* de cinq francs, voire même des louis... suivant l'estime qu'on en fait. Il y a des tribus, celle des Ouled-Naïl par exemple, où les femmes et les filles jouent un rôle prépondérant en matière d'hospitalité, et où les étrangers sont reçus et fêtés suivant les rites d'Otaïti... Tu sais bien ce que je veux dire.

Sur un signe de mon Arabe, la vieille grogna quelques sons gutturaux, et une jeune fille, qui eût peut-être été jolie si elle avait eu la figure moins tatouée et moins sale, décrocha une peau de bouc suspendue au mur, et en fit couler un peu d'eau dans une cafetière. La vieille souffla sur les cendres d'où s'envolèrent quelques légers flocons grisâtres ; et, pendant ce temps, un jeune garçon, qui devait s'être fourvoyé par là comme Achille chez Lycomède, s'empressait avec son père d'étendre sur le sol sordide des tapis superbes à hautes et longues laines, qui, la nuit, me dit-on, servaient de lit à toute la famille, mais qui n'en donnèrent pas moins à tout le gourbi un air de richesse et de somptuosité fort inattendu. Sur ces tapis on apporta de longs coussins en tapisserie, et nous nous assîmes là, à la turque, en attendant le café. Il ne tenait qu'à moi de me figurer que je recevais, comme lord Byron, l'hospitalité d'Ali-pacha. Tous ces musulmans se ressemblent : ils ont tous, grands ou petits, riches ou pauvres, les mêmes façons grandioses et larges d'honorer l'étranger qui est entré dans leurs demeures. Dans un coin du gourbi étaient adossées des outres pelées, pleines de farines ou de grains, dont le volume leur faisait reprendre à peu de chose près la forme des bêtes qui les avaient fournies. Cela valait mieux que les têtes coupées qui décoraient la tente du pacha de Janina. Mais sur les murs de boue, raboteux et enfumés, à un simple morceau de bois introduit dans quelque trou, étaient suspendus des fusils et des pistolets (le luxe de l'Arabe) garnis d'argent ciselé et incrustés de corail, qui eussent figuré avec honneur dans la panoplie d'un membre du Jockey. Des tapis de Smyrne dans un bouge, des armes de prix à côté de loques immondes, des anneaux d'argent ou d'or sur des bras tout pleins de crasse, — la vie arabe et l'âme arabe ne sont faites que de ces contrastes. Luxe et vermine au-dedans, fantasias et famine au dehors.

Le café une fois pris et dûment savouré, je me levai pour partir. Les femmes ne bougèrent pas, craignant de m'offenser ; le jeune garçon, sur l'invitation de son père ou de son oncle, vint me baiser la main ; le vieillard cadavéreux, sur sa natte, interrompit sa litanie, *Allah Mohammed, Mohammed Allah*, pour se donner la peine de m'apercevoir et d'incliner légèrement sa tête en fermant les yeux. Mon hôte voulait me raccompagner jusqu'au bordj. Je le remerciai, il s'inclina, et nous nous séparâmes.

. . . .

Oum-el-Bouaghi, 23 mars.

. . . .

Toujours le soleil, et, dans notre bordj aux murs élevés, excellents conducteurs du calorique, je prévois déjà que nous étoufferons cet été. Perspective d'autant moins rassurante, que l'eau est très rare ici, et qu'en été les fontaines donnent à peine assez de ce liquide à boire aux bêtes et aux gens. Au contraire des pêcheurs qui s'amendent, il nous faudra mettre beaucoup de

vin dans notre eau, et mesurer nos ablutions ;
quant aux bains qui nous seraient pourtant si
nécessaires, *macache !*

Je passerais encore sur ces misères, insépa-
rables de notre condition, n'étaient les murs, ces
maudits murs, qui nous enserrent de toutes
parts, qui nous masquent le paysage, qui nous
tirent les yeux de leur réverbération aveuglante
et qui nous donnent l'illusion d'être déportés
dans une enceinte fortifiée, sans compter que,
pendant la nuit même, ils interceptent les fai-
bles courants d'air qui pourraient à l'occasion
soulager nos poitrines oppressées. Ce n'est qu'a-
près un long et pénible voyage à travers les
méandres sinueux de notre Bastille, que nous
pourrons, comme nous l'avons fait hier soir,
jouir du plein air et du plein ciel. Mais alors
quelle compensation, et quelle nuit ! La plaine,
dans la douce lumière de la lune, avec son am-
phithéâtre de montagnes dans le fond, toutes
noires, se voyait quasi comme au grand jour. Et
le Sidi-Rhéis, au-dessus de nous, plein de creux
d'ombre et d'arêtes lumineuses, dressait dans la
nuit aux lueurs diaphanes sa longue crête de
rochers. A nos pieds, les colonnes romaines dé-
couronnées, démantelées, qui font de notre préau
comme une espèce d'*atrium* antique, allon-
geaient leur ombre démesurée, et, dans le grand
silence de la plaine, des chiens arabes aboyaient

au loin. Que ne suis-je Chateaubriand ou Fromentin pour achever le tableau ?

Ah ! mon Dieu ! Et dire que partout, aux environs d'ici, il y a de si belles et si curieuses choses à voir, des pays si attirants à visiter, et que je suis condamné à rester, à piétiner sur place, éternellement, dans un simple petit périmètre de 180,000 hectares (qui est la superficie de notre commune), tandis que mes yeux avides et impatients aperçoivent l'Aurès et devinent là-bas les plaines des Nemenchas, comprises dans l'immense pourtour des montagnes qui bornent l'horizon, par delà le Djebel-el-Tharf et la plaine des Gouriret, là-bas loin, plus loin, hélas ! que n'ont le droit de me porter les pieds de mon cheval. C'est le règlement, il est formel, et l'on s'y soumet, comme Tantale à son supplice.

A M'Sila déjà c'était bien dur. Le Bou-Thaleb, surplombant l'interminable chaîne des monts du Hodna qui venait passer à quelques kilomètres de la ville, nous apparaissait si rapproché qu'il semblait qu'en un petit temps de galop on aurait pu s'y rendre (1). Dans le sud, à deux pas aussi en apparence, mais en réalité à 80 kilomètres, se dressait au fond du Hodna la chaîne du grand Atlas, derrière laquelle est le désert,

_____

(1) Il est dans l'axe de Sétif, et Sétif est à 130 kilomètres de M'Sila.

et, à ses pieds, au bas d'une montagne carrée en forme de table, comme celle du cap de Bonne-Espérance, Bou-Saada, la ville « fortunée. » Vers l'ouest, en fond de tableau, pour terminer la plaine, le massif du Dirah, avec Aumale au centre, se haussait pour nous voir par-dessus d'autres montagnes. Enfin le Djurjura, ce chaos qui fait de la Kabylie une véritable Suisse algérienne, de certains points de la commune, apparaissait énorme, avec sa grande masse toute noire et ridée de ravinements gigantesques, par delà d'autres monts, et des plaines et des plaines encore. D'Aumale à Batna, du Djurjura au Grand Atlas, un bon tiers de l'Algérie était déroulé à nos yeux, et il fallait se contenter de tourner, comme un ours en cage, dans les 200,000 petits hectares qui composaient le territoire de la commune. Le règlement !

De même à l'Ouarsenis. En montant un peu sur les flancs du grand pic (au-dessus du bordj) qu'on a surnommé l'Œil du Monde, et qu'on a plus justement comparé à une sentinelle avancée de l'Atlas, je voyais le Sersou, s'étendant rougeâtre à travers les vapeurs dorées de l'atmosphère jusqu'à la chaîne du Grand Atlas, et d'où l'on a l'impression du désert. Je voyais aussi, couvrant une montagne toute voisine, les sombres ramures de la forêt de cèdres de Teniet-el-Haad, où l'on passe sous les arbres comme entre

les piliers et sous la voûte d'une cathédrale
gothique. Il fallait être de bois pour résister à ces
tentations ; et, comme je ne suis pas de bois, je
profitais des moindres occasions, nécessité d'aller
quérir un médecin, tournées administratives ou
autres pour recueillir des légendes et des rensei-
gnements statistiques, et je trompais les aspira-
tions voyageuses que doivent donner aux esprits
aventureux ou simplement curieux ces sites
algériens si vastes, si découverts, et de partout
— à moins de se terrer dans un fond de vallée
— vous déroulant, à perte de vue, sous les yeux,
d'incommensurables étendues de pays.

Ici, outre le Sidi-Rhéïs, dont je t'ai déjà parlé,
il n'y a réellement à voir que les Lacs salés et le
Fédzouzj, dont je te parlerai un autre jour.
Quant aux admirables plaines des Nemenchas,
qui forment avec les quelques montagnes dont
elles sont entrecoupées, le territoire de trois com-
munes mixtes limitrophes de la nôtre, il me
faudra renoncer à les voir, à moins qu'un acci-
dent providentiel ne vienne m'aider à tourner
le règlement. Mais ce n'est pas tout. Il y a tout
près d'ici, dans la commune mixte d'Ain-el-
Ksar, le tombeau des anciens rois Numides,
parfaitement conservé dans une pyramide
immense comme celles de l'Egypte, en pierres
colossales toutes remplie d'inscriptions avec lesquelles on pourrait à la rigueur reconstituer l'his-

toire ancienne de ce pays-ci, si on ne l'a déjà fait. Il y a Tebessa avec ses ruines romaines, indestructibles et prodigieuses. Il y a Lambessa, le cadavre d'une grande cité, avec ses temples de Jupiter, de Minerve, de Neptune, ses palais, ses arcs-de-triomphe, ses bains et thermes, ses fûts de colonnes tumulaires, ses débris de forums et de prétoires, ses restes de chemins dallés qui furent des voies romaines... Est-ce que tout cela ne te tente pas? Mais il y a encore l'Aurès, là-bas, dans le fond, avec sa calotte de neige, et derrière lui, Biskra, avec ses villages sahariens dans les oasis de palmiers, et le désert tout autour, avec l'immensité en fond de tableau. Non, tu ne voudrais pas me condamner à quitter le pays des Chaouïas sans que j'aie vu ces merveilles. Il te suffira de prendre le paquebot à Marseille, le chemin de fer à Philippeville, et dès que tu seras ici, toutes excursions me seront permises ; je serai ton Joanne ou ton Bædecker, et tu seras mon Bouillet ; je te montrerai les lieux, et tu m'en raconteras l'histoire.

. . . .

G. D'HUGUES (FILS).

Dijon, imp. Darantiere.